SUR

LA BOULANGERIE

AU POINT DE VUE

DE L'HYGIÈNE PUBLIQUE

PAR

LE Dr RIGAUD

Membre résidant de la Société de médecine de Paris,
Membre de la commission d'hygiène et de salubrité du 3e arrondissement,
Médecin de l'état civil, etc.

Extrait de la Gazette hebdomadaire de médecine et de chirurgie.

PARIS

VICTOR MASSON ET FILS

PLACE DE L'ÉCOLE-DE-MÉDECINE

1862

Un extrait de cette note, communiqué à la commission d'hygiène du 3ᵉ arrondissement de la ville de Paris, a été par décision renvoyé à M. le préfet de police.

SUR

LA BOULANGERIE

AU POINT DE VUE

DE L'HYGIÈNE PUBLIQUE

> « Tout ce qui entoure l'homme peut devenir pour lui
> » le principe d'une infinité de maladies ; il faut donc
> » chercher le procédé vicieux, traiter l'industrie si l'on
> » ne veut pas se voir forcé de traiter l'homme lui-même. »
> (A. DUMONT, *Dictionnaire politique*.)

Jusqu'à présent on s'est occupé de la question de la boulangerie, bien plus sous le rapport de l'économie sociale que sous celui de la salubrité publique, c'est-à-dire de l'hygiène des artisans boulangers et du consommateur. C'est à ce dernier point de vue que je viens développer quelques réflexions qui m'ont semblé présenter un certain intérêt.

L'autorité, soucieuse de la santé de ses administrés, a appelé l'attention sur l'emploi des eaux des puits de Paris dans la boulangerie, elle a désiré que l'on ne pût se servir que d'eau offrant les meilleures conditions de salubrité et de propreté. Elle a fondé ses craintes sur ce qui a été dit et répété, sans examen attentif, depuis Parmentier jusqu'à Amb. Tardieu : « qu'à Paris, un pain dont la pâte est pétrie avec l'eau des » puits, qui est très séléniteuse, peut présenter des inconvé- » nients qui disparaîtraient par l'emploi d'une eau moins crue, » pure relativement, telle que l'eau de la Seine. » (Ambroise Tardieu, *Dictionnaire d'hygiène*.)

Il suffit de consulter les hommes pratiques et désintéressés, pour apprendre d'eux que les sels, les sulfates, les chlorures à l'état de dissolution dans les eaux des puits de Paris, sont utiles à la panification ; et l'expérience prouve que ces eaux qu'on appelle dures et crues sont préférables aux eaux douces et courantes pour donner du corps à la pâte. Conséquemment, pas d'inconvénients à en user.

Quant aux eaux qui contiendraient des substances délétères comme de l'urine ou des matières fécales, ainsi que cela peut arriver quand les puits sont voisins des fosses d'aisances, il est évident que le boulanger qui les emploierait ne confectionnerait qu'un pain détestable au goût, et que la concurrence et le consommateur en auraient bientôt fait prompte et radicale justice.

Pour les sels dangereux ajoutés à ceux contenus dans l'eau, si l'ignorance, la cupidité, ou tout autre motif de spéculation les ont parfois exploités, ils ont été rapidement abandonnés, car la déception, le tribunal de police correctionnelle, le déshonneur ont atteint ceux qui se livraient à des fraudes si pleines de périls pour la santé publique.

Le pain, qui, comme on l'a dit, est un de ces produits de l'industrie que tout le monde consomme et qui n'étonne personne, remonte à la plus haute antiquité. Aussi loin qu'on puisse pousser les recherches, il est impossible d'indiquer l'époque de la découverte de la panification.

La Bible en fait mention dès le temps d'Abraham et de Moïse, 2281 ans avant J. C. (*Genèse*, chap. XIV et XVIII ; *Exode*, chap. XIII) ; le *Lévitique*, le livre des *Nombres* en parlent aussi. Le pain avec ou sans levain était déjà connu, ce qui prouve encore une fois de plus que c'est en Orient que l'on trouve le germe de presque toutes les connaissances humaines ; seulement quelques passages de l'*Exode* semblent indiquer que la panification publique n'existait pas. Ce n'est que 174 ans avant J. C., l'an 580 de la fondation de Rome, que l'on trouve des traces de boulangerie publique. Les Romains, à leur retour de Macédoine, amenèrent en Italie des boulangers grecs qui fabriquaient le pain d'après des notions spéciales, qu'eux-mêmes avaient tirées d'Asie, et ce sont ces Grecs qui auraient transmis leurs usages aux Gaulois et aux Francs. Dans les ruines de Pompéï, englouti en 832, on a retrouvé une boutique de boulanger. Enfin, d'après une note sur les villages lacustres ou aquatiques communiquée tout récemment à l'Académie des sciences par M. Dépine, on aurait découvert, dans le lac de Constance, un ancien magasin contenant cent mesures d'orge et de blé en épis, et un pain à demi consumé par le feu, et fait avec de l'orge grossièrement broyée. Suivant quelques archéologues, ce pain daterait de quarante siècles. Ces citations sont suffisantes ; elles prouvent que l'usage du pain se perd dans des temps inconnus.

Partout, à toutes les époques, les hommes qui se sont occupés d'hygiène et particulièrement de l'hygiène des artisans, ont signalé comme insalubre la profession de boulanger; mais aucun, ni Ramazzini, ni Patissier, son savant commentateur, à peu près les seuls auteurs classiques qui aient écrit sur les maladies des artisans, n'indiquent les moyens de remédier aux graves et nombreux inconvénients du travail laborieux de la panification. Quand on visite un fournil, on est facilement convaincu que les ouvriers boulangers sont dans les conditions hygiéniques les moins bonnes : travail de nuit, dans des caves presque toujours sales et mal aérées, chaleur vive, nudité à peu près complète, transition brusque et sans précaution aucune d'une température élevée à un froid intense et rigoureux ; respiration au milieu d'une atmosphère chargée de poussière ténue ; action simultanée et fatigante des muscles du thorax et des bras ; sueur abondante, soif vive et satisfaction de ce besoin au moyen de boissons alcooliques. « Les boulangers, dit
» Ramazzini, sont des ouvriers nocturnes ; tandis que le reste
» des hommes, débarrassés de leurs travaux, se livrent au som-
« meil et réparent leurs forces, ces ouvriers travaillent, et,
» pendant le jour, semblables à ces animaux qui fuient la
» lumière, ils sont forcés de dormir et sont ainsi, au milieu
» des villes, des antipodes dont la façon de vivre est opposée et
» contraire à celle de tous les autres habitants. »

Du temps des Romains, il en était ainsi.

Martial a dit :

> Surgite, jam vendit pueris jentacula pistor,
> Cristatæque sonant undique lucis aves.

« Levez-vous, déjà le boulanger vend les déjeuners des
» enfants, et les coqs annoncent le jour. » Ces pains avaient été fabriqués et cuits pendant la nuit.

« Ceux qui pétrissent la pâte, ajoute M. Patissier, et la for-
» ment en pains, font des efforts assez considérables qui les
» disposent aux maladies du cœur; obligés de travailler debout,
» ils sont sujets aux varices et aux ulcères des jambes ; ils sont
» souvent atteints de dartres furfuracées, de la gale et de ma-
» ladies vénériennes ; ils meurent épuisés entre quarante et
» cinquante ans. Stoll a remarqué que ces artisans, quand ils
» sont attaqués de maladies aiguës, succombent plus souvent et
» plus promptement que les autres, et qu'ils sont très sujets
» aux fièvres malignes dont ils reviennent avec peine. Dans la

» peste de Marseille, en 1720, tous les boulangers périrent, et
» l'on fut obligé d'en faire venir des villes voisines pour suffire
» aux besoins du peuple. »

Ils sont sujets aux éruptions squameuses sur les mains. Turner Thackrah rapporte cette affection à une variété de psoriasis. Suivant le même observateur, dans un rapport de l'institut de Hambourg, le rhumatisme aigu frappe un sixième des boulangers. Les maladies de poitrine sont fréquentes chez eux ; souvent on observe des bronchites qui, sous l'influence de l'entretien permanent des mêmes causes, passent à l'état chronique et dégénèrent parfois en phthisie incurable.

Dans un relevé statistique du professeur Hannover, dans les hôpitaux civils de Copenhague, traduit par le docteur Beaugrand, on trouve 161 décès par la phthisie, sur 1000 décès. L'âge auquel les malades sont emportés a une importance notable pour déterminer le degré de l'influence professionnelle. L'âge moyen chez les boulangers est de 35,1 ; et pourtant, observation très importante, à Copenhague, les conditions dans lesquelles se trouvent les boulangers sont un peu meilleures que dans les autres pays ; le travail de nuit y est très peu considérable.

Bien que les muscles des bras et du thorax soient développés d'une façon athlétique, ces ouvriers présentent une grande pâleur de la face, un état anémique qui leur est commun d'ailleurs avec tous ceux qui travaillent et vivent dans une température élevée, comme les pâtissiers, les cuisiniers, etc.

N'avez-vous pas été bien des fois saisi d'une impression pénible en entendant les ouvriers pétrisseurs dans l'exercice de leur laborieux travail ? Mais non ; chaque jour nous les entendons et nous n'y prêtons que l'attention la plus vulgaire, tant l'habitude émousse toute sensibilité. Le consommateur se préoccupe peu de ce que coûte de travail, de soins, de peine, de fatigue, de labeur difficile, ardu, la confection du pain, son aliment le plus salubre, celui dont il ne se lasse jamais, celui qui fait le complément de tous ses autres aliments.

« Le pétrissage (Boland, *Traité de la boulangerie*) est une opé-
» ration par laquelle on parvient à combiner ensemble l'eau,
» la farine et le levain pour former un corps mou et sensi-
» blement élastique, auquel on a donné le nom générique de
» pâte ; c'est l'ouvrier le plus robuste qui est chargé de cette
» pénible opération. On donne communément à cet ouvrier
» la qualification d'aide et non de gindre, comme on pourrait
» le supposer par le cri qu'il pousse souvent avec exagération
» et que lui arrachent les efforts qu'il fait pour accomplir sa

» tâche. Cette opération est la plus importante de la panifica-
» tion, et, pour son exécution, il ne faut pas être doué seule-
» ment de force physique, il faut aussi avoir une certaine in-
» telligence.
» Le but du pétrissage ne consiste pas seulement à mélanger
» la farine avec l'eau pour former la pâte, il faut encore in-
» corporer à celle-ci le levain, de manière que chaque molé-
» cule de ce dernier soit répartie également dans la masse et
» incorporée avec elle pour lui donner son germe de fermen-
» tation. »

Cette opération, on le voit, est difficile et nécessite une dépense considérable de force qui ne se fait qu'au détriment de la santé de l'ouvrier. Le pétrissage de 250 à 300 kilogrammes de pâte oblige à un travail de trente à trente-cinq minutes. Supposez seulement six à huit fournées de pain, c'est une transpiration abondante, de violents efforts musculaires et une énorme fatigue pendant trois ou quatre heures chaque nuit.

Je crois avoir esquissé les inconvénients qui résultent pour les artisans boulangers du travail auquel ils sont obligés de se livrer.

Je vais examiner en quelques lignes si le consommateur obtient tout ce qu'il est en droit d'attendre. Si l'on ne ressent pas quelque pitié pour les fatigues pénibles du boulanger, on est au moins pénétré d'un profond sentiment de dégoût en voyant ces hommes dont la propreté chez le plus grand nombre est plus que problématique, plonger, au milieu de la pâte, leurs mains rarement lavées, leurs bras d'où découle une sueur abondante, du corps desquels sortent des émanations plus ou moins nauséabondes ; qui, enfin, ne prennent aucune précaution pour accomplir leur tâche avec toute la propreté qu'elle exige ; je ne parle pas du pétrissage qui se fait avec les pieds, comme cela se pratique dans quelques localités en France et dans quelques contrées de l'Allemagne.

Aussi, que de fois, outre des débris d'insectes logés dans les fissures du sol et des murs jamais nettoyés, outre les excrétions de certains rongeurs, ne rencontre-t-on pas dans le pain, même celui sortant des boulangeries les plus renommées, des objets qui inspirent une invincible répugnance ! Il m'est souvent arrivé de trouver du mucus nasal entouré de poussière de tabac, ce qui empêche de se tromper sur la nature de ce corps étranger à la panification ; j'ai mis la dent sur un petit bouton de cuivre oxydé ; j'ai coupé en deux un morceau de tabac à mâcher, *vulgo chique* ; enfin, j'ai découvert un insecte du genre *Cimex* dans un pain auquel on apporte le plus de soin, un pain dit à grigne. Tout cela n'est-il pas capable de révolter les estomacs les plus robustes, les moins délicats?

Quels sont donc les moyens qui peuvent annihiler tous ces inconvénients que je viens de signaler, et qui intéressent tout à la fois et l'ouvrier et le consommateur?

Je n'en connais qu'un seul, c'est l'emploi du pétrissage mécanique ; et que l'on ne vienne pas crier à l'impossibilité, à l'utopie ! Mais c'est avec ce mot utopie que l'on reste dans un déplorable *statu quo;* c'est avec ce mot qu'on encourage la paresse, qu'on arrête toute espèce de progrès au lieu de lui venir en aide, même quand on n'y croit pas ; utopie ! mais ce mot devrait être banni du vocabulaire ; l'utopie, a dit un grand poëte de notre temps, est toujours une vérité dans l'avenir : que d'utopies, il y a soixante ans, qui, aujourd'hui, sont des réalités? Ce travail serait incomplet si je ne donnais quelques détails sur le pétrissage mécanique ; je serai bref. A l'époque où Parmentier écrivait sur la boulangerie, en 1778, on tentait en Italie et en Espagne des essais de panification mécanique qui n'eurent aucun résultat. Plus tard, en France, en 1810, la Société d'encouragement pour l'industrie nationale, proposa un prix de 1500 francs « pour une machine ou des
» machines qui, prenant la pâte après qu'elle est frasée, l'amè-
» nent avec les soins des ouvriers pétrisseurs, mais sans efforts
» pénibles de leur part, à l'état le plus parfait de pâte ferme,
» bâtarde ou molle à volonté. »

Un boulanger de Paris, nommé Lembert, concourut ; des expériences furent faites avec la machine de son invention par la commission de la Société d'encouragement, par les Sociétés d'agriculture de Lyon, d'émulation de Rouen, etc., etc. Le prix lui fut décerné en 1811. Ce pétrisseur mécanique, appelé du nom de l'auteur, *Lembertine*, n'eut point le succès qu'on espérait, et depuis longues années, il est relégué au Conservatoire des arts et métiers ; depuis, de nombreux essais furent tentés, tous restèrent infructueux. Toutes ces machines ne remplissaient pas certaines conditions indispensables à la panification, et, en particulier, celle qui les résume toutes « de produire le déplacement de la matière par un mouvement successif et alternatif. » (Boland.) En 1835, les frères Mouchot installèrent au petit Montrouge une boulangerie munie d'une machine de l'invention de M. Fontaine. En 1839, M. Gaultier de Claubry fut chargé par la commission d'hygiène et de salubrité d'examiner sept pétrisseurs mécaniques, et de déterminer les avantages comparatifs du pétrissage à bras et par machines ;

les conclusions du rapport furent en faveur de ces dernières.

En 1852, M. Rolland, boulanger à Paris, reçut de la Société d'encouragement pour l'industrie nationale, une médaille de platine, sur les conclusions d'un rapport de M. Gaultier de Claubry. Déjà, un premier rapport présenté à l'Académie des sciences par MM. Poncelet, Boussingault et Payen, avait payé un tribut d'éloges à l'invention de M. Rolland.

En 1854, un *pétrisseur à circulation d'air chaud ou froid*, de M. Bouvet, fut l'objet d'une expérimentation suivie à l'hôtel impérial des Invalides, et le 13 août 1855, M. le maréchal Vaillant, dans un rapport à l'Académie des sciences, sans donner une approbation exclusive à ce système nouveau, disait : « Chaque jour, pendant trois semaines, le pétrin a servi » à faire une fournée de 140 pains; on a ainsi distribué aux » diverses parties prenantes plus de 2000 pains fabriqués par » ce procédé mécanique, et ni les consommateurs, ni la com- » mission de réception n'ont élevé de réclamations sur la qua- » lité de ces rations. »

Un de nos confrères n'a pas dédaigné de s'occuper du pétrissage mécanique. Le docteur Raboisson (de Bordeaux) envoya à l'Exposition universelle de 1855 une machine qui obtint l'approbation de l'Académie des sciences de cette ville, et qui a été appliquée dans plusieurs boulangeries.

Le pétrisseur Fleschelle qui fonctionne dans plusieurs villes de France, à Amiens, à Saint-Malo, etc., à l'étranger, à Turin, à Valparaiso, mérite de ne pas être oublié.

M. Boland, qui avait étudié avec succès l'architecture, et qui avait été élève de l'École des beaux-arts, et concouru pour le grand prix de Rome, fut, par des causes indépendantes de sa volonté, obligé d'abandonner la route qu'il avait choisie et de continuer la carrière que son père avait parcourue pendant de longues années avec une grande honorabilité, et où il avait acquis une réputation des plus méritées. Considérant son état comme un art véritable, il voulut qu'il marchât dans la voie du progrès comme les autres industries. Il chercha un appareil qui pût remplacer le travail intelligent de l'homme, et il arriva à en créer un comme un boulanger artiste pouvait le faire.

L'administration de l'Assistance publique a fait exécuter un modèle du pétrisseur mécanique de M. Boland. Il fonctionne à la boulangerie générale de la place Scipion.

Les avantages de ce pétrisseur, comme de ceux dont je parlerai tout à l'heure, sont :

Perfection de ses produits ;

Économie dans la fabrication du pain et de son rendement ;
Salubrité des ouvriers boulangers ;
Propreté irréprochable.

Dix de ces pétrisseurs suffisent, chaque jour, au pétrissage de 17 000 kilogrammes de farine, produisant aux environs de 22 000 kilogrammes de pain. Le pain de deuxième qualité, dont l'Assistance publique approvisionne les marchés de Paris, ne le cède en rien à celui de première qualité le mieux confectionné ; une légère nuance les différencie seulement tous les deux.

Deux autres inventions doivent encore être signalées ; c'est celle de M. Drouot, qui peut être mue par la chaleur même du four ; puis celle de M. de Meaupou, perfectionnée par M. Victor Frick.

Je n'ai fait qu'indiquer sommairement les principales machines propres à la panification ; les brevets dépassent actuellement le chiffre 100. Toutes ces machines, du reste, pétrissent en huit ou dix minutes ce que les bras ne peuvent faire qu'en trente ou trente-cinq minutes.

Devant un tel nombre d'inventions, on est en droit de se demander pourquoi le système du pétrissage mécanique n'est pas plus répandu : par plusieurs motifs ; et, le plus grand obstacle, sans contredit, est la routine, la plus terrible et la plus incurable des maladies ; la routine aveugle des ouvriers qui ont la crainte de voir diminuer le prix de leur salaire, et l'apathie, l'insouciance, l'ignorance d'un grand nombre de patrons qui n'ont aucune connaissance de leur art, qui ne sont que les agents des grands meuniers qui approvisionnent la capitale, qui sont dans leur complète dépendance, qui ne sont enfin que des boulangers à cuisson ; un autre obstacle à l'adoption de ces machines est inhérent aux machines elles-mêmes qui ne peuvent pas être disposées dans les petits ateliers, qui sont difficiles à manœuvrer, qui sont d'un prix élevé.

Il faut pourtant faire une exception en faveur de l'invention Rolland, complétée aujourd'hui par un four aérotherme, et qui fonctionne non pas seulement chez quelques boulangers de Paris, mais encore à Lyon, à Fontainebleau, et qui a été adoptée d'emblée dans beaucoup de départements, et dans quelques-uns que l'on a l'habitude de regarder comme encore éloignés de la civilisation ; je citerai les départements des Côtes-du-Nord, du Finistère, du Morbihan. Les appareils Drouot et de Meaupou sont très faciles à mettre en œuvre, occupent peu de place et sont d'un prix relativement minime ; le premier a été appliqué avec succès à Paris ; le deuxième, suivant

M. Frick, marcherait avec avantage dans le département des Bouches-du-Rhône, plus spécialement depuis la dernière grève des ouvriers boulangers.

Il me resterait à examiner quelques questions relatives à mon sujet, telles que l'adoption des meuneries-boulangeries, à l'instar de l'usine de la place Scipion, proposée par le sénateur préfet de la Seine, la liberté de la boulangerie, etc.; mais ce serait faire une excursion dans le domaine de l'économie sociale, et je m'écarterais de mon but. Pourtant, en présence des opinions si contradictoires de M. Dumas, président du conseil municipal, et de M. le Play, membre du conseil d'État, il est permis de demander une nouvelle étude de ces questions, et, en même temps, l'examen du pétrissage mécanique dont M. Dumas paraît être partisan, par des hommes compétents, exempts de toute prévention, sans aucune partialité, sans idée préconçue. Pour moi, le pétrissage mécanique est acquis à la boulangerie, et il me semble qu'il serait facile, dans un temps donné, d'obliger tous les boulangers à ne se servir du travail à bras que dans des circonstances exceptionnelles. L'adoption des machines aurait pour les artisans de ce laborieux et meurtrier travail et pour le consommateur d'incontestables avantages.

Je termine :

Si les sociétés scientifiques ont le droit d'indiquer les inconvénients, les abus, c'est à l'autorité qu'incombe le devoir d'appliquer les moyens de les supprimer. La science signale le danger, l'autorité le fait cesser.

Paris. — Imprimerie de L. MARTINET, rue Mignon, 2.

www.ingramcontent.com/pod-product-compliance
Lightning Source LLC
Chambersburg PA
CBHW070438080426
42450CB00031B/2721